школа - sukuu	2
падарожжа - akwantuo	5
транспарт - ɛhyɛn	8
горад - kuropɔn	10
краявід - asaase	14
рэстаран - adidibea	17
супермаркет - dwakɛseɛmu	20
напоі - nsa	22
ежа - aduane	23
сядзіба - afuo	27
дом - efie	31
жылы пакой - ɛdan a wɔtena mu	33
кухня - gyaade	35
ванная - adwareɛ	38
дзіцячы пакой - abɔfra dan mu	42
адзенне - ataadeɛ	44
офіс - ɔfise	49
эканоміка - sikasem	51
прафесіі - nnwuma ahodoɔ	53
інструменты - akadeɛ	56
музычныя інструменты - mfidie a wɔde bɔ nnwom	57
заапарк - mmoakurabea	59
спорт - agokansie	62
дзейнасць - dwumadie ahodoɔ	63
сям'я - abusua	67
цела - nipadua	68
шпіталь - asopiti	72
экстраная дапамога - putupru	76
Зямля - Ewiase	77
гадзіннік - mmerɛ kyerɛfoɔ	79
тыдзень - nnawɔtwe	80
год - afe	81
формы - bɔbea	83
колеры - ahosuo	84
супрацьлегласці - abirabɔ	85
лічбы - nɔma	88
мовы - kasa ahodoɔ	90
хто / што / як - hwan/aden/ sɛn	91
дзе - hefa	92

Impressum
Verlag: BABADADA GmbH, Nedderfeld 112 , 22529 Hamburg
Geschäftsführer / Verlagsleitung: Harald Hof
Druck: Books on Demand GmbH, In de Tarpen 42, 22848 Norderstedt

Imprint
Publisher: BABADADA GmbH, Nedderfeld 112 , 22529 Hamburg, Germany
Managing Director / Publishing direction: Harald Hof
Print: Books on Demand GmbH, In de Tarpen 42, 22848 Norderstedt

школа
sukuu

класны пакой
adesua dan mu

дзяліць
kyɛmu

дошка
bɔɔdo

школьны двор
sukuu asaase

настаўнік
ɔkyerɛkyerɛni

папера
krataa

пісаць
twerɛ

ручка
twerɛdua

пісьмовы стол
pono

лінейка
susudua

кніга
nwoma

вучань
sukuuni

ранец
baage

пенал
adeɛ wɔde twerɛdua hyɛ mu

просты аловак
twerɛdua

тачылка для алоўкаў
adea wɔde sensene twerɛdua ano

гумка
rɔba

альбом для малявання
drɔɔwin nkrataa

малюнак

drɔɔwin

пэндзлік

adeɛ a wɔde bɔ akaadoo mu

фарбы

akaadoo adaka

нажніцы

apasoo

клей

aduro a wɔde sɔ nnoɔma bɔ mu

сшытак

krataa wɔyɛ dwumadie wɔ mu

хатняе заданне

efie adwuma

лік

nɔma

дадаваць

ka bom

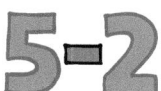

адымаць

te frim

множыць

fabaho

лічыць

bo ho nkonta

літара

atwerɛdeɛ

алфавіт

atwerɛdeɛ

словa

asɛm

школа - sukuu

тэкст
atwerɛ

чытаць
kan

крэйда
chalk

ўрок
adesua

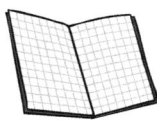

класны журнал
krataa a din ahodoɔ wɔ mu

экзамен
nsɔhwɛ

атэстат
nimdeɛ krataa

школьная форма
sukuu ataadeɛ

адукацыя
adesua

энцыклапедыя
encyclopedia

універсітэт
suapon kɛseɛ

мікраскоп
afidie a wɔde hwɛ adeɛ
aniwa ntumi nhunu

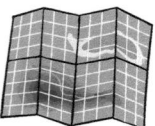

карта
asaase mfonin a ɛwɔ krataa
so

смеццевы кошык
kɛntɛn a wɔde krataa na ayɛ
a wɔde nwura gu mu

падарожжа
akwantuo

гатэль
ahomegyebea

хостэл
atenaeɛ

абменны пункт
baabi aa yɛsesa

чамадан
baage a wɔde nnooma gu mu

аўтамабіль
kaa

мова
kasa

так / не
aane / daabi

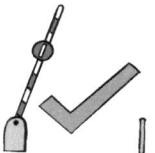

добра
Yoo

прывітанне!
hɛlo

перекладчык
deɛ wɔkyerɛkyerɛ kasa ase

дзякуй
Medaase

Колькі каштуе....?

... ɛyɛ sɛn?

я не разумею

Menteaseɛ

праблема

ɔhaw

Добры вечар!

Maadwo!

Добрай раніцы!

Maakye!

Дабранач!

Da yie!

да пабачэння

nante yie

кірунак

akwankyerɛ

багаж

nnooma a wɔde tu kwan

сумка

kɔtɔkuo

заплечнік

baage a yɛde bɔ yakyi

госць

ɔhɔhoɔ

пакой

danmu

спальны мяшок

bag a yɛda mu

палатка

ntomadan

падарожжа - akwantuo

інфармацыя для турыстаў

adesrafoɔ nsɛm

пляж

po ano

крэдытная картка

krɛdit kaade

снеданне

anopa aduane

абед

awia aduane

вячэра

anwumerɛ aduane

праязны білет

tikiti

ліфт

pagya

паштовая марка

agyinahyɛdeɛ

мяжа

ɛhyeɛ

мытня

adwumayɛfoɔ a wɔgyina aman mmienu hyeɛ so

пасольства

ɔman bi asoeɛ

віза

akwantuo krataa

пашпарт

akwantuo krataa

падарожжа - akwantuo

транспарт
ɛhyɛn

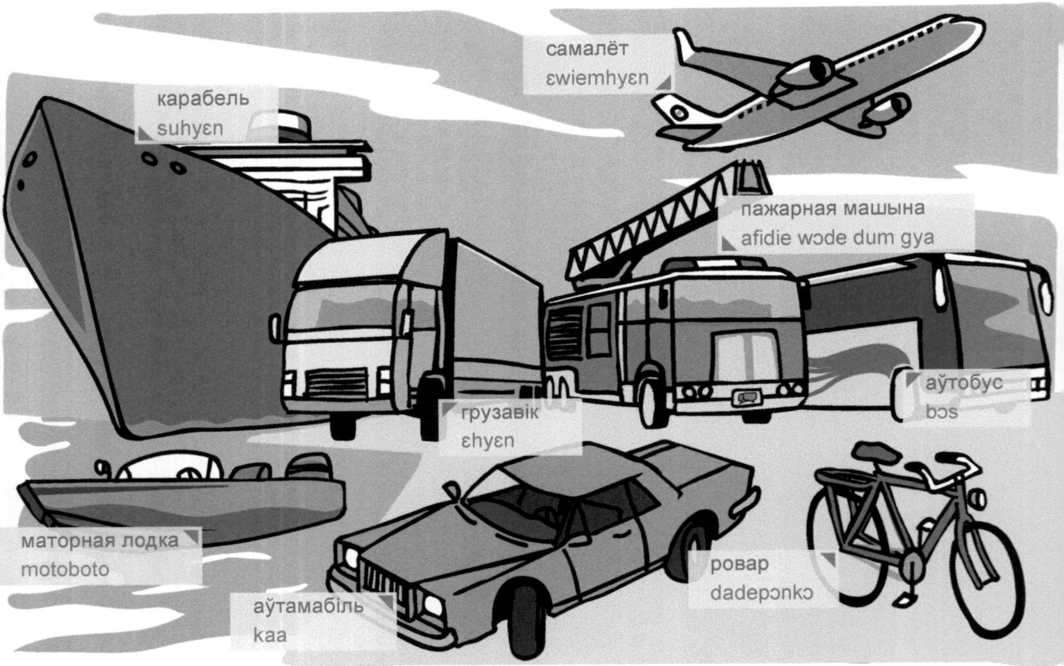

самалёт
ɛwiemhyɛn

карабель
suhyɛn

пажарная машына
afidie wɔde dum gya

аўтобус
bɔs

грузавік
ɛhyɛn

маторная лодка
motoboto

ровар
dadepɔnkɔ

аўтамабіль
kaa

паром
subonto

лодка
suhyɛn

матацыкл
dadepɔnkɔ

паліцэйская машына
apolisifoɔ kaa

гоначны аўтамабіль
kaa a wɔde si akan

арэндаваны аўтамабіль
hyɛn aa yɛ hain

транспарт - ɛhyɛn

сумеснае карыстанне аўтамабілем

kaa a wɔde ma obi de di dwuma

эвакуатар

kaa a wɔde twe ɛhyɛn a asɛe

смеццявоз

bɔɔla kaa

матор

moto

паліва

ngo

запраўка

beaɛ a wɔtɔn pɛtro

дарожны знак

trafik ahyɛnsodeɛ

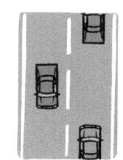

дарожны рух

trafik

затор

ɛhyɛn ntumi nkɔ ntɛm

паркоўка

kaa gyinabea

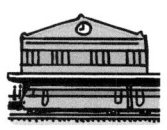

чыгуначная станцыя

keteke steshin

рэйкі

ketekye kwan

цягнік

ketekye

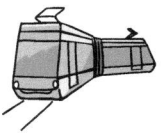

трамвай

ketekye

вагон

afidie a wɔtena mu wɔ wiem tu kwan

транспарт - ɛhyɛn

верталёт
ewiemhyɛn

аэрапорт
dadeɛanoma gyinabea

вежа
dan tentene

пасажыр
obi a wɔforo hyɛn

кантэйнер
adaka

кардонная скрыня
adaka

тачка
teaseɛnam

карзіна
kɛntɛn

ўзлятаць / прызямляцца
tu / si fam

горад
kuropɔn

вёска
akurase

цэнтр горада
kuropɔn hyiabea

дом
efie

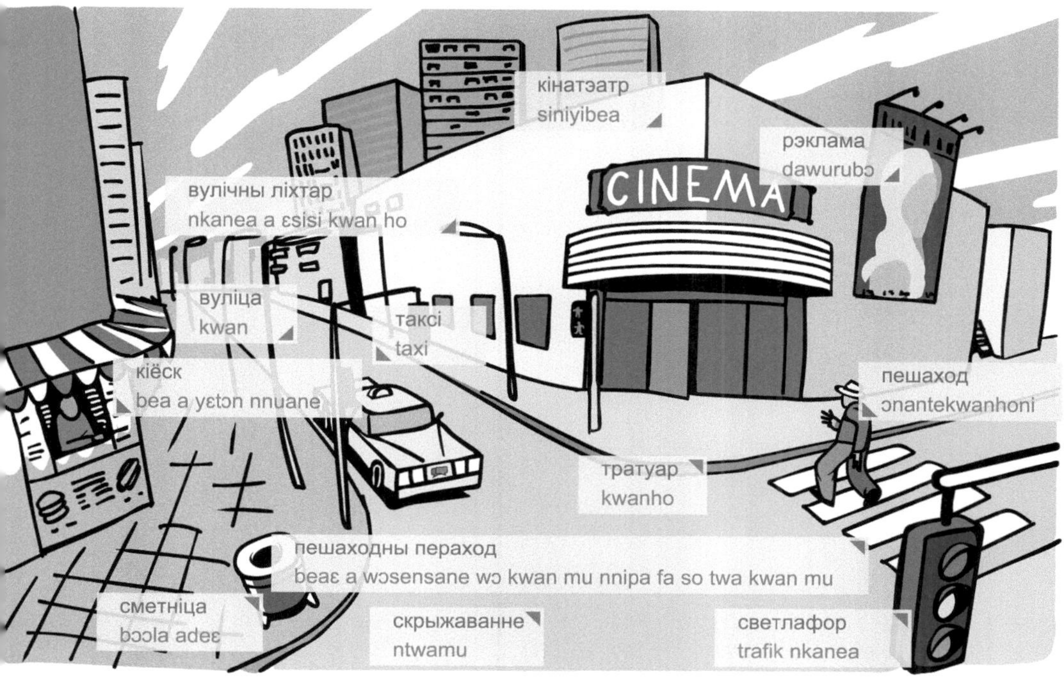

кінатэатр
siniyibea

рэклама
dawurubɔ

вулічны ліхтар
nkanea a ɛsisi kwan ho

вуліца
kwan

таксі
taxi

кіёск
bea a yɛtɔn nnuane

пешаход
ɔnantekwanhoni

тратуар
kwanho

пешаходны пераход
beaɛ a wɔsensane wɔ kwan mu nnipa fa so twa kwan mu

сметніца
bɔɔla adeɛ

скрыжаванне
ntwamu

светлафор
trafik nkanea

халупа

ntaabodan

кватэра

tenabea

чыгуначная станцыя

keteke steshin

ратуша

kurom nhyiadanmu

музей

mesiɔm

школа

sukuu

горад - kuropɔn

універсітэт
suapɔn kɛseɛ

банк
sikakorabea

шпіталь
asopiti

гатэль
ahomegyebea

аптэка
beaɛ a wɔtɔn nnuro

офіс
ɔfise

кнігарня
beaɛ a wɔtɔn nwoma

крама
beaɛ a wɔtɔn adeɛ

кветкавая крама
nhwiren kuani

супермаркет
dwakɛseɛmu

кірмаш
dwamu

універмаг
asoeɛ sotɔɔ

рыбная крама
nnam tɔnfo

гандлевы цэнтр
adetɔ beaɛ

порт
suhyɛn gyinabea

парк
agodibea

лава
akonnwa

мост
nsamsɔɔ

лесвіца
adeɛ wɔee foro aborosan

метро
asaasease

тунэль
tɔkuro a w'atu no asaase mu de ayɛ kwan

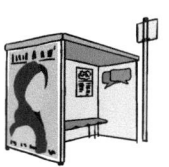
прыпынак
ɛhyɛn gyinabea

бар
nsanombea

рэстаран
adidibea

паштовая скрыня
krataa adaka

вулічны паказальнік
kwan ahyɛnsodeɛ

паркамат
kaagyinaho meta

заапарк
mmoakurabea

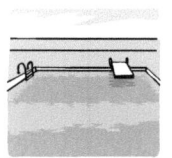
басейн
nsuo a wɔdware mu

мячэць
masalakyi

горад - kuropɔn

сядзіба
afuo

забруджванне навакольнага асяроддзя
ewiem sɛeɛ

могілкі
nsamanpɔ mu

царква
asore

пляцоўка для гульні
agodibea

храм
hyiadan

краявід
asaase

ліст
ahaban

паказальнік
akyerɛkyerɛkwan

дарога
kwan

луг
sare asaase

камень
boba

падарожнік
pipo so foronii

дрэва
dua

рака
asubontene

трава
nsensan

кветка
nhwiren

даліна
εbɔn

гара
bepɔ

возера
sutadeɛ

лес
kwaeɛ

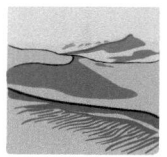
пустыня
ɛserɛ so

вулкан
egya a ɛfiri bepɔ mu ba

замак
ahenfie

вясёлка
nyankontɔn

грыб
mmire

пальма
abɛdua

камар
ntontom

муха
wasena

мурашка
ntatea

пчала
wowa

павук
ananse

краявід - asaase

жук
kukurubibi

жаба
apɔnkyerɛnee

вавёрка
opuro

вожык
kotoko

заяц
adanko

сава
patuo

птушка
anomaa

лебедзь
dabodabo

дзік
kɔkɔte

алень
wansane

лось
torɔm

плаціна
sutadeɛ

вятрак
mframa tɛɛbain

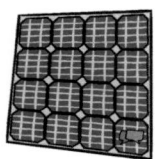

сонечная батарэя
adeɛ ɛtwe anyinam ahoden
firi awia mu

клімат
ewiem

краявід - asaase

рэстаран
adidibea

афіцыянт
barima a wɔsom wɔ beae a wɔtɔn aduane

меню
aduane ahodoɔ wɔtɔn

крэсла
akonwa

суп
nkwan

піца
pizza

сталовыя прыборы
atere ne nsikan a wɔde didie

абрус
ntoma a wɔde kata ɛpono so

закуска
ahyɛaseɛ

другая страва
aduane titriw

дэсерт
nnɔkɔnnɔkwade

напоі
nsa

ежа
aduane

бутэлька
toa

хуткае харчаванне (фаст-фуд)

aduane wɔyɛ no ɔhare so

стрыт-фуд

aduana a ɛyɛ kwan ho

імбрык (чайнік)

tea kukuo

цукарніца

asikyire kyɛnsen

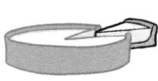

порцыя

fa

эспрэса-машына

espresso afidie

дзіцячае крэселка

akonwa tenten

рахунак

ka krataa

паднос

apanpan

нож

sikanmoa

відэлец

adinam

лыжка

atere

чайная лыжка

tea atere

сурвэтка

ntoma a wɔde sɛ pono so

шклянка

ahwehwɛ

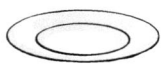  

талерка	супавая талерка	сподак
plɛɛte	nkwan plɛɛte	plɛte ketewa

соус	сальніца	млынок для перцу
frɔyɛ	nkyene kukuo	adeɛ a wɔde twi mako

воцат	алей	спецыі
vinegar	anwa	atosodeɛ

кетчуп	гарчыца	маянэз
ketchup	sinapi aba	mayonis

рэстаран - adidibea

супермаркет
dwakɛseɛmu

акцыя
akwanya soronko

пакупнік
obi a wɔtɔ wadeɛ

малочныя прадукты
milikyi nnuane

садавіна
nnuaba

ɔ adeɛ pia berɛ a wɔretɔ adeɛ

мясная крама
nnamtwafo

хлебны магазін
brodotofo

важыць
susu

гародніна
atosodeɛ

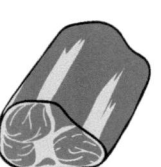

мяса
nnam

свежазамарожаныя прадукты
aduane a wɔde ahyɛ sukɔtwea adaka mu

супермаркет - dwakɛseɛmu

нарэзка
nnam a yɛy nwunu

кансервы
nnuane a ɛwɔ konku mu

пральны парашок
aduro a wɔde si nnooma

прысмакі
adɔkɔkɔdɔkɔdeɛ

хатнія прылады
efie nnooma

чысцячы сродак
nnuro a wɔde hohoro nnooma ho

прадавец
adetɔni

каса
adeɛ a wɔgye sika de gu mu

касір
obi a wɔhwɛ sika so

спіс пакупак
nnooma a wobɛtɔ

гадзіны працы
mmerɛ a ɔmo de bue

бумажнік
kɔtɔkuo

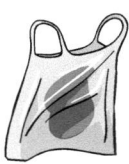

крэдытная картка
krɛdit kaade

сумка
bɔtɔ

пакет
rɔba bɔtɔ

супермаркет - dwakɛseɛmu

напоі
nsa

вада
nsuo

сок
aduaba mu nsuo

малако
milikyi

кола
coke

віно
nsa

піва
beer

алкаголь
nsaden

какава
kookoo

гарбата (чай)
tea

кава
kɔfe

эспрэса
espresso

капучына
cappuccino

ежа
aduane

банан
kwadu

яблык
aprɛ

апельсін
akutuo

дыня
mɛlɔn

лімон
akutuo

морква
karɔt

часнок
galeke

бамбук
mpampuro

цыбуля
gyeene

грыб
mmire

арэхі
nkateɛ

локшына
talia

спагеці	рыс	салата
talia	ɛmo	salad

бульба фры	смажаная бульба	піца
kyips	aborodwomaa w'akye	pizza

гамбургер	бутэрброд	шніцаль
hamburger	sandwiɔh	ntwetwade

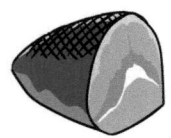

вяндліна	салямі	каўбаса
prɛko nam	salami	sɔsegye

курыца	смажаніна	рыбак
akokɔnam	toto	nsuomunam

ежа - aduane

аўсяныя камякі

oats koko

мюслі

muesli

кукурузныя шматкі

cornflakes

мука

esam

круасан

croissant

булачка

brodo a yabobɔ

хлеб

brodo

тост

ho

пячэнне

biskit

масла

bɔta

тварог

koko

пірог

ɔfam

яйка

kosua

яечня

kosua a yakye

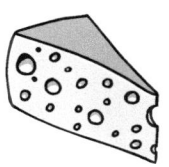

сыр

kyeese

ежа - aduane

марожанае
ise krim

цукар
asikyire

мёд
ɛwoɔ

варэнне
ɛam

нуга
kyɔkolate a wɔde yɛ aduane mu

кары
kɔri

ежа - aduane

сядзіба
afuo

хата / kuafie

хлеў / aduanekorabea

цюк саломы / ahaban a awo a waka abɔ mu

поле / asaase

конь / pɔnkɔ

прычэп / ahyɛnkɛseɛ

жарабя / pɔnkɔ ba

трактар / trata

асёл / afunumu

ягня / odwan ba

авечка / odwan

каза

apɔnkye

карова

nantwie

цяля

nantwie ba

свіння

prɛko

парася

prɛko ba

бык

nantwinini

гусак
dabodabo

качка
dabodabo

кураня
akokɔba

курыца
akokɔbedeɛ

певень
akokɔnini

пацук
akura

кот
agyinamoa

мыш
akura

вол
nantwi

сабака
ɔkraman

сабачая будка
kramanfie

садовы шланг
drobɛn a wɔde nsuo fa mu gugu nnoɔma so

палівачка
toa wɔde nsuo gu mu de gugu nnoɔma so

каса
kantankrankyi

плуг
afidie a wɔde funtum asaase ani

сядзіба - afuo

серп

sɔswa

матыка

asɔ

вілы для гною

fɔɔki kɛseɛ

сякера

akuma

тачка

hweebaro

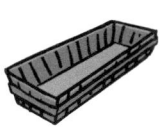

карыта

adea mmoa didi mu

бітон для малака

milikyi konku

мех

kotoku

плот

ɛban

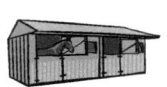

хлеў

mmoa dan

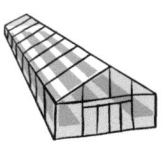

цяпліца

nnuaba dan mu

глеба

anwea

насенне

aba

угнаенне

nnuro a wɔde gu mfudeɛ ho

камбайн

nnuanetwa kaa kɛse

сядзіба - afuo

збіраць ураджай
twa

ураджай
mfudeɛ

ямс
bayerɛ

пшаніца
ayuo

соя
soya

бульба
aborɔdwomaa

кукуруза
aburo

рапс
rapedua aba

садовае дрэва
aduaba dua

маніёк
bankye

збожжа
aburo aduane

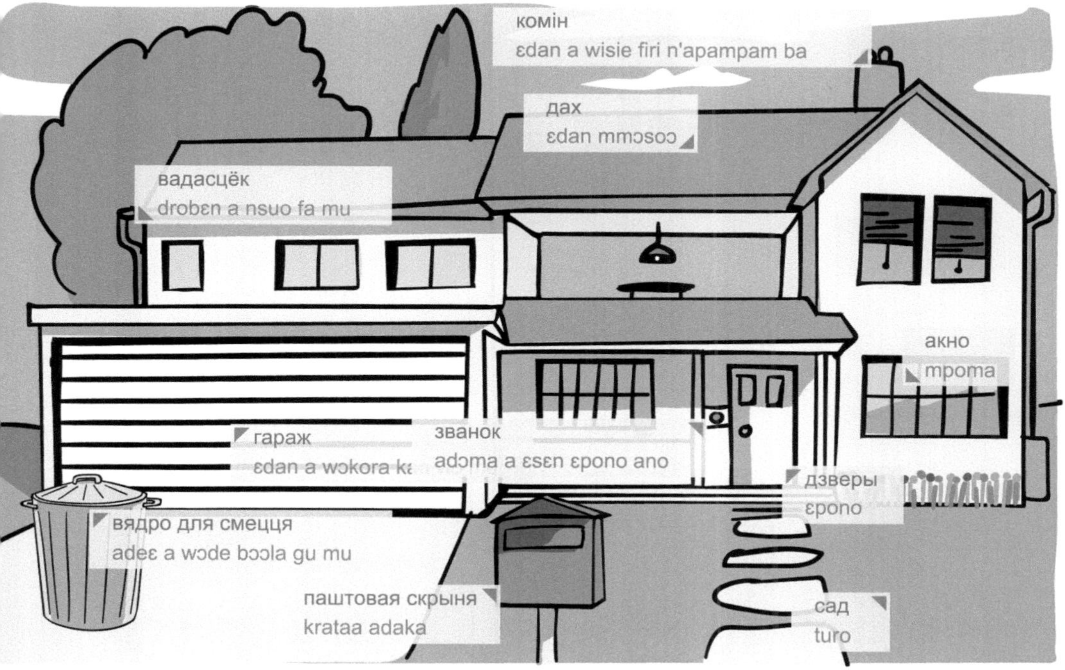

дом
efie

комін
ɛdan a wisie firi n'apampam ba

дах
ɛdan mmɔsoɔ

вадасцёк
drobɛn a nsuo fa mu

акно
mpoma

гараж
ɛdan a wɔkora ka

званок
adoma a ɛsɛn ɛpono ano

дзверы
ɛpono

вядро для смецця
adeɛ a wode bɔɔla gu mu

паштовая скрыня
krataa adaka

сад
turo

жылы пакой
ɛdan a wɔtena mu

ванная
adwareɛ

кухня
gyaade

спальны пакой
piam

дзіцячы пакой
abɔfra dan mu

сталоўка
ɛdan a wɔdidi wɔ mu

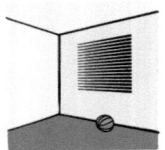

падлога
fam

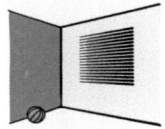

сцяна
ɛban

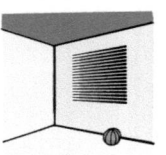

столь
siilin

падвал
ɛdan a ɛhyɛ fam

саўна
beaɛ a wɔkɔto hyew

балкон
pɔɔkye

тэраса
asaase a wafuntum na
wɔde dua nnɔbaeɛ

басейн
nsuo a wɔdware mu

касілка
afidie a wɔde dɔ

падкоўдранік
krataa

коўдра
nnasoɔ

ложак
mpa

венік
pɾaeɛ

вядро
bɔkiti

выключальнік
deɛ wɔde sɔ kanea

дом - efie

жылы пакой
ɛdan a wɔtena mu

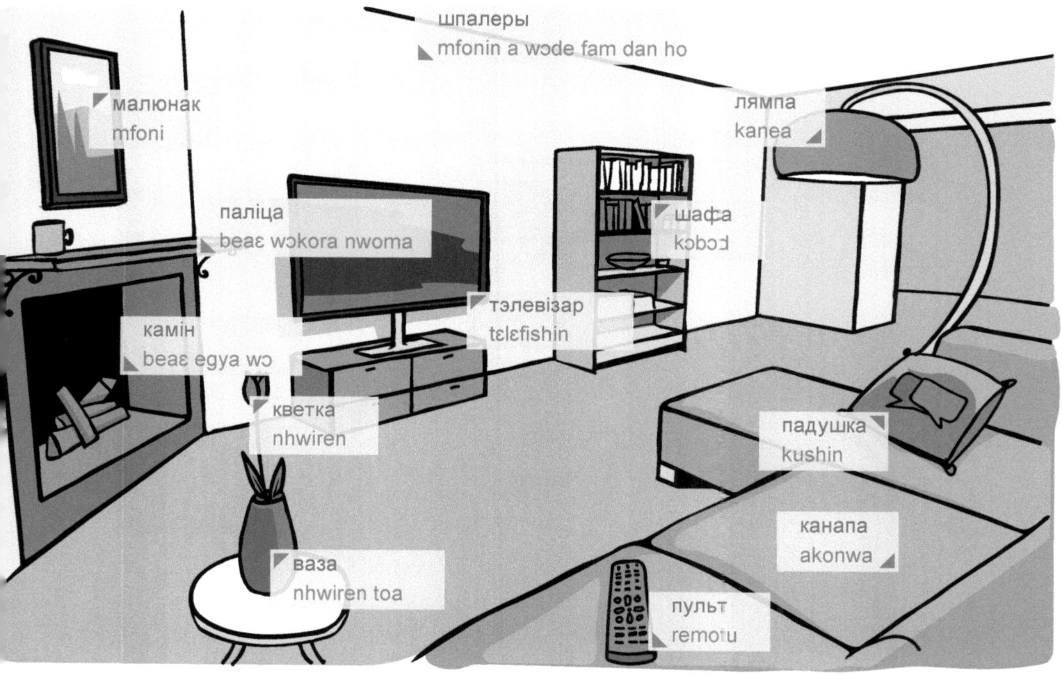

шпалеры
mfonin a wɔde fam dan ho

малюнак
mfoni

лямпа
kanea

паліца
beaɛ wɔkora nwoma

шафа
kɔbɔɛ

камін
beaɛ egya wɔ

тэлевізар
tɛlɛfishin

кветка
nhwiren

падушка
kushin

канапа
akonwa

ваза
nhwiren toa

пульт
remotu

дыван
kapɛt

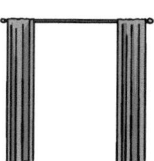

фіранка
kɛtin

стол
pono

крэсла
akonwa

крэсла-качалка
akonwa aa ɛkɔ anim ne akyi

крэсла
nsaakonwa

кніга
nwoma

коўдра
kuntu

дэкарацыя
beaɛ asiesie

дровы
egya

кіно
mfoni

стэрэасістэма
hi-fi afidie

ключ
safoa

газета
dawurubɔ krataa

карціна
akaado

постар
mfoni

радыё
akasanoma

нататнік
nwoma a wɔtwerɛ nsɛmpɔ gu mu

пыласос
afidie a wɔde pra mfuturo

кактус
cactus

свечка
kandele

жылы пакой - ɛdan a wɔtena mu

кухня
gyaade

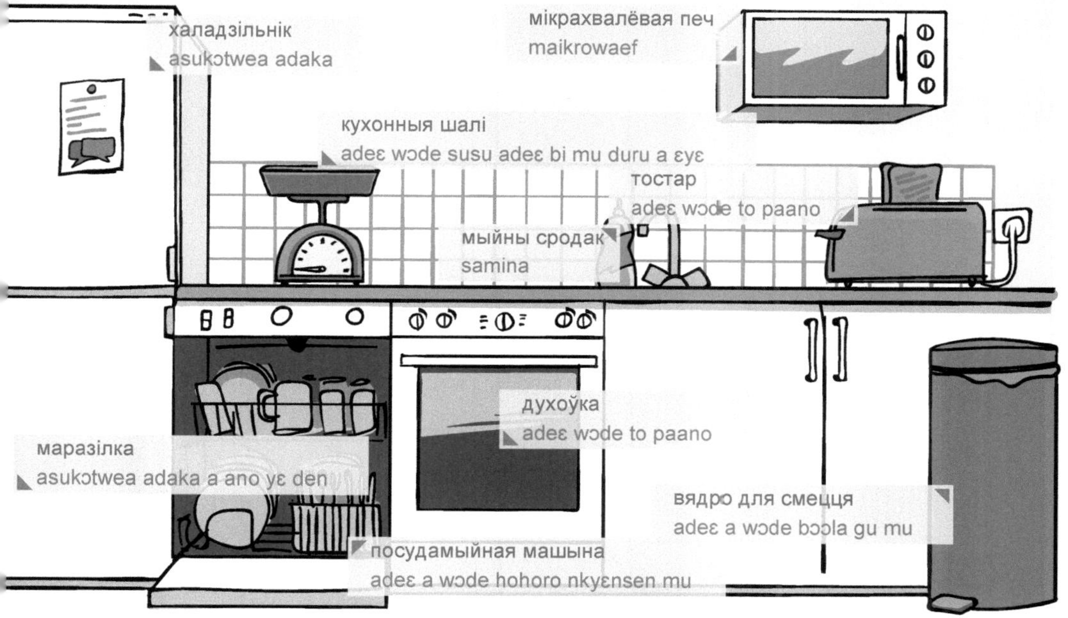

халадзільнік
asukɔtwea adaka

мікрахвалёвая печ
maikrowaef

кухонныя шалі
adeɛ wɔde susu adeɛ bi mu duru a ɛyɛ

тостар
adeɛ wɔde to paano

мыйны сродак
samina

духоўка
adeɛ wɔde to paano

маразілка
asukɔtwea adaka a ano yɛ den

вядро для смецця
adeɛ a wɔde bɔɔla gu mu

посудамыйная машына
adeɛ a wɔde hohoro nkyɛnsen mu

пліта
adeɛ a wɔde noa aduane

рондаль
kukuo

чыгунок
dadesɛn

Вок / кадаі
wok / kadai

патэльня
pan

чайнік
adeɛ wɔde noa nsuo

кухня - gyaade

параварка
nea yɛde ka aduane hye

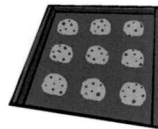
бляха
adeɛ wɔto so paano

посуд
nkyɛnsen a wɔdidi mu

кубак
kuruwa

міска
kyɛnsen

палачкі для ежы
nnua a wɔde didie

чарпак
kwantere

лапатачка
atere

збівалка
adeɛ wɔde nu adeɛ mu

сіта для варэння
sɔneɛ

сіта
sɔneɛ

тарка
adeɛ a wɔde twi adeɛ

ступка
waduro

грыль
adeɛ a wɔde toto nam

вогнішча
egya a biribiara mmɔ ho ban

кухня - gyaade

дошка

adeɛ a wɔtwitwa so nnoɔma

качалка

adea wɔde twi nnoɔma

штопар

adeɛ a wɔde tu toa ano

бляшанка

konku

адкрывалка

adeɛ wɔde bie konku so

прыхваткі

nea yɛde sɔ kukuo mu

ракавіна

adeɛ a wɔhohoro nkyɛnse wɔ mu

шчотка

adeɛ a wɔde twitwi

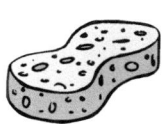

губка

sapɔ

міксер

afidie wɔde yam nnuane

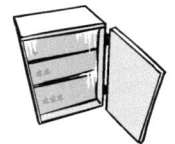

маразільная камера

asukɔtwea adaka a ano yɛ den

бутэлечка

abɔfra toa

вадаправодны кран

nsuo

кухня - gyaade

ванная
adwareɛ

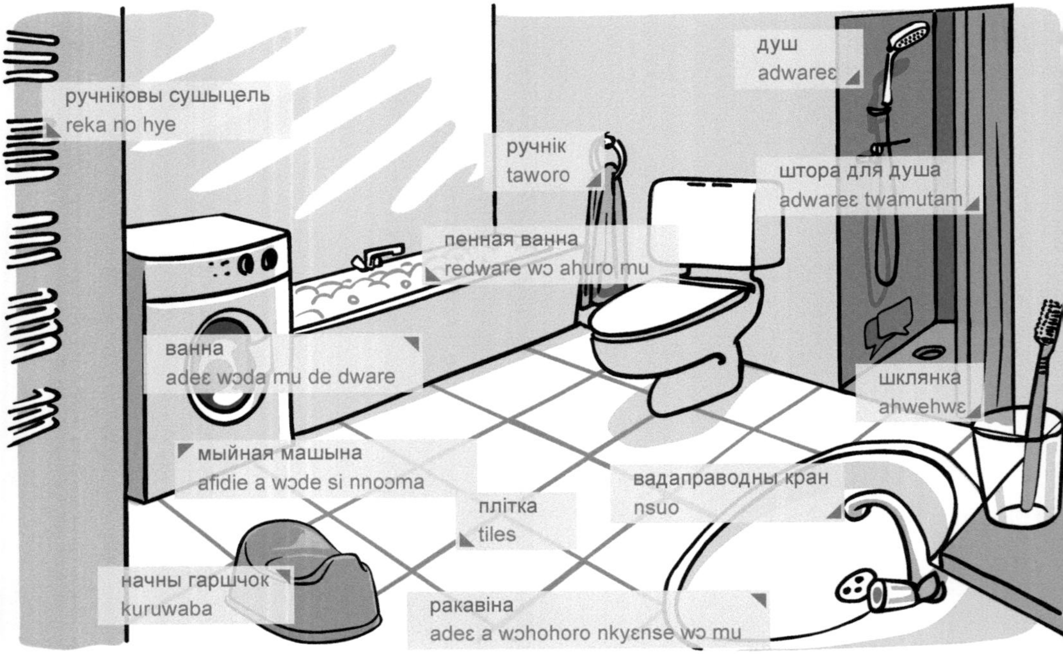

- ручніковы сушыцэль / reka no hye
- душ / adwareɛ
- ручнік / taworo
- штора для душа / adwareɛ twamutam
- пенная ванна / redware wɔ ahuro mu
- ванна / adeɛ wɔda mu de dware
- шклянка / ahwehwɛ
- мыйная машына / afidie a wɔde si nnɔɔma
- плітка / tiles
- вадаправодны кран / nsuo
- начны гаршчок / kuruwaba
- ракавіна / adeɛ a wɔhohoro nkyɛnse wɔ mu

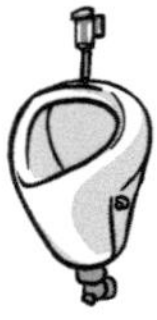

туалет	падлогавы ўнітаз	бідэ
agyananbea	agyananbea a wɔkotoso	bidet

пісуар	туалетная папера	шчотка для чысткі ўнітаза
dwonsɔbea	tiafi krataa	adeɛ a wɔde twitwi agyanbea

ванная - adwareɛ

зубная шчотка

adeɛ wɔde twitwiri ɛse

зубная паста

aduro wɔde twitwiri ɛse

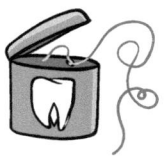

зубная нітка

adeɛ wɔde yiyi ɛse ntam

мыць

si

ручны душ

adeɛ wɔsɔ mu de dware

інтымны душ

adeɛ nsuo fa mu na wɔde hohoro mmaa ase

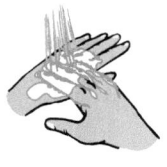

умывальнік

adeɛ wɔsi nnoɔma wɔ mu

шчотка для спіны

adeɛ wɔde twitwi yakyi

мыла

samina

гель для душа

adwareɛ samina

шампунь

deɛ wɔde hohoro tirinwii mu

вяхотка

ntoma wɔde asaawa na ayɛ

вадасцёк

nsuokwan

крэм

nkuu

дэзадарант

aduro a wɔde fa mmɔtoamu

ванная - adwareɛ

люстэрка

ahwehwɛ

касметычнае люстэрка

ahwehwɛ kumaa

станок для галення

yiwan

пена для галення

aduro a wɔde yi

ласьён пасля галення

aduro a wɔde sera beaɛ wayi

грэбень

afe

шчотка

brɔsh

фен

afidie a wɔde ka nwii ma no wo

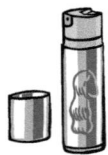

лак для валасоў

adeɛ wɔde aduro gu mu de gu nwii so

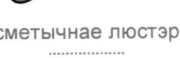

касметыка

adeɛ wɔde yɛn wɔn anim

памада

adeɛ wɔde keka ano

лак для пазногцяў

aduro a wɔde ka mmɔwerɛ so

вата

asaawa

манікюрныя нажніцы

apasoɔ a wɔde twitwa mmɔwerɛ

духі

aduham

ванная - adwareɛ

касметычка

baage a wɔde nnooma gu mu wɔ adwareɛ

табурэтка

akonwa

вагі

afidie a wɔde susu adeɛ bi mu duro

лазневы халат

ataadeɛ wɔhyɛ berɛ a wɔrekɔdware

санітарныя пальчаткі

adeɛ wɔde hyɛ wɔn nsa a wɔde rɔba na ayɛ

тампон

adeɛ wɔde twe nsuo firi pirakuro mu

гігіенічныя пракладкі

deɛ mmaa de siesie wɔn ho berɛ wɔn abu wɔn nsa

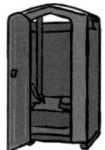

біятуалет

agyananbea a wɔde nnuro kora

ванная - adwareɛ

дзіцячы пакой
abɔfra dan mu

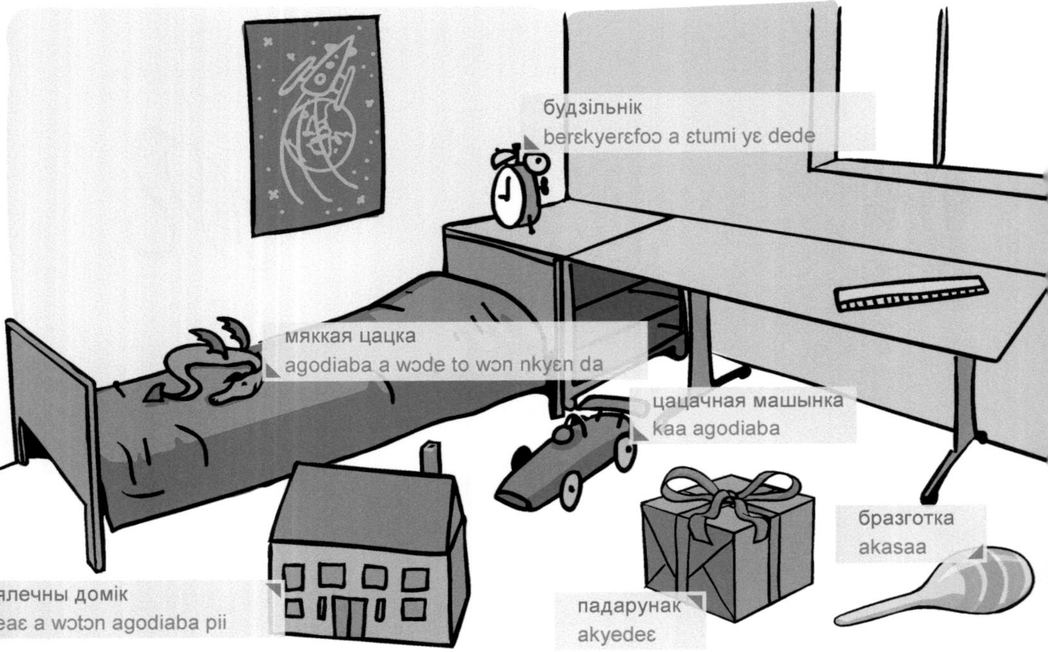

будзільнік
berɛkyerɛfoɔ a ɛtumi yɛ dede

мяккая цацка
agodiaba a wɔde to wɔn nkyɛn da

цацачная машынка
kaa agodiaba

бразготка
akasaa

лялечны домік
beaɛ a wɔtɔn agodiaba pii

падарунак
akyedeɛ

надзіманы шарык
baluu

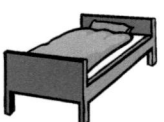

ложак
mpa

дзіцячая каляска
adeɛ a wɔde mmɔfra to mu pia wɔn

калода картаў
nkrataa a ɛhyɛ adaka mu

пазл
mfonin asiniasini a wɔkeka si ani hyehyɛ

комікс
mmɔfra aseresɛm nwoma

канструктар "Лега"

lego bricks

канструктар

blɔks a wɔde si dan

экшэн-фігурка

mmɔfra agodiaba

дзіцячы гарнітур

mmɔfra ataade a wɔayɛ abɔ mu

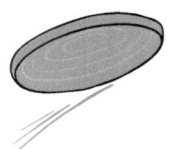

фрызбі

frisbee

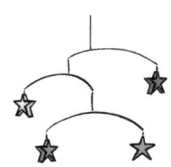

дзіцячы мабіль

agodiaba a wɔde sensɛne mmɔfra mpa so

настольная гульня

agorɔ a ɛwɔ pono so

кубік

ludu aba

дзіцячая чыгунка

ketekye ketewa

пустышка

adeɛ a wɔde hyɛ mmɔfra anumu

дзіцячае свята

apontoɔ

кніга з малюнкамі

krataa mfonin wɔ mu

мячык

bɔɔlo

лялька

agodiaba

гуляцца

di agorɔ

дзіцячы пакой - abɔfra dan mu

пясочніца

adeɛ wɔde anwea agu mu a mmɔfra di mu agorɔ

арэлі

adonko

цацкі

agodiaba

гульнявая відэа прыстаўка

afidie abɛɛfo agodie wɔ so a wɔbɔ

трохколавы ровар

dadepɔnkɔ a ne nan yɛ mmiensa

плюшавы мішка

sisire agodiaba

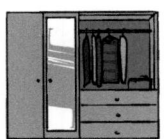

шафа

wɔdrop

адзенне
ataadeɛ

шкарпэткі

adeɛ a wɔhyɛ ansa na wahyɛ mpaboa

панчохі

ataade tenten a wɔhyɛ wɔ wɔn nan ho

калготкі

ataadeɛ a ɛkyekyere deɛ wahyɛ no

шалік
duku

парасон
kyiniɛ

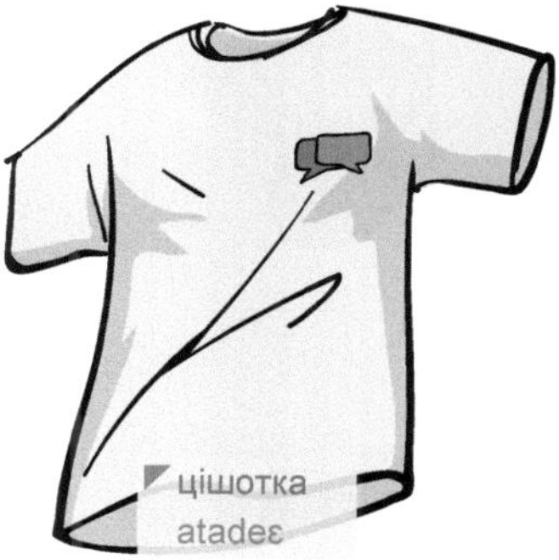

цішотка
atadeɛ

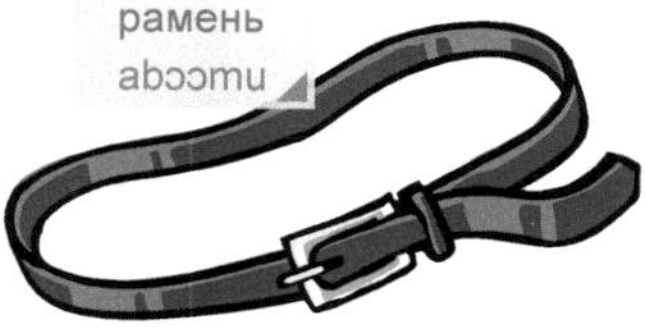

рамень
abɔmu

боты
mpaboa

пантоплі
mpaboa

красоўкі
mpaboa

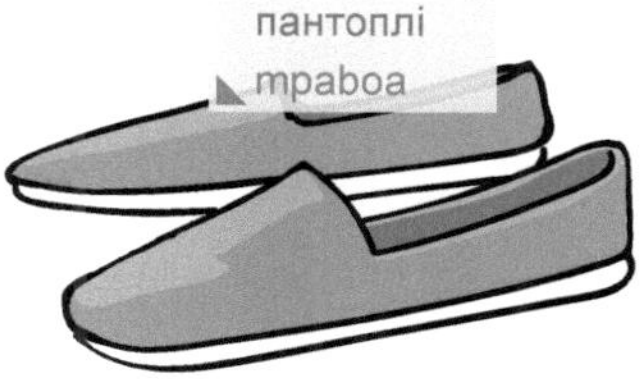

сандалі
mpaboa

абутак
mpaboa

гумовыя боты
rɔba mpaboa

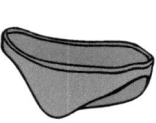

трусы
drɔs

бюстгальтар
adeɛ mmaa hyɛ de kora
wɔn nufu

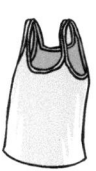

майка
fɛst

адзенне - ataadeɛ

бодзі
nipadua

штаны
trɔsa

джынсы
gyins

спадніца
skɛɛte

блузка
mmaa ataade soro

кашуля
ataadesoro

джэмпер
swata

талстоўка
ataadeɛ a ɛkyɛ wɔ mu

блэйзер
kootu

куртка
ataade ngusoɔ

паліто
kootu

дажджавік
ataadeɛ wɔhyɛ berɛ nsuo retɔ

касцюм
ataadehyɛ

сукенка
ataadeɛ

вясельная сукенка
ayifrɔ atadeɛ

46 адзенне - ataadeɛ

касцюм

ataade nkatasɔɔ

начная сарочка

ataadeɛ a yɛhyɛ de da

піжама

pigyamas

сары

sari

хустка

duku

цюрбан

duku

паранджа

ataadeɛ Nkramofoɔ mmaa hyɛ na ɛkata wɔn tiri so de kɔsi wɔn nan ase

кaптан

kaftan

Абая

abaya

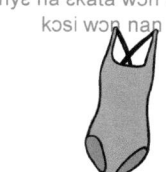

купальнік

ataadeɛ a wɔhyɛ de dware nsuo mu

плаўкі

nika

шорты

nika

спартыўны касцюм

traksuit

фартух

ntoma a wɔde kata wɔn kɔnmu berɛ wɔreyɛ aduane

пальчаткі

adeɛ wɔde hyɛ wɔn nsa

адзенне - ataadeɛ

гузік
batin

акуляры
ahwehwɛniwa

бранзалет
adeɛ wɔde to wɔn nsa

каралі
kɔnmuade

кальцо
kawa

завушніца
asomadeɛ

кепка
ɛkyɛ

вешалка
adeɛ a wɔde kootu hyɛ so

капялюш
ɛkyɛ

гальштук
abɔɔmenemu

маланка
zip

шлем
ɛkyɛ a wɔhyɛ de twi motosakre

падцяжкі
bresis

школьная форма
sukuu ataadeɛ

уніформа
ataadeɛ

адзенне - ataadeɛ

нагруднік

adeɛ a wɔde gu abɔfra kɔn mu berɛ a wɔredidi

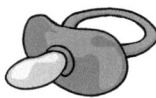

пустышка

adeɛ a wɔde hyɛ mmɔfra anumu

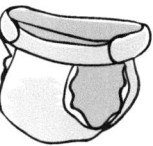

падгузнік

moase tam

офіс
ɔfise

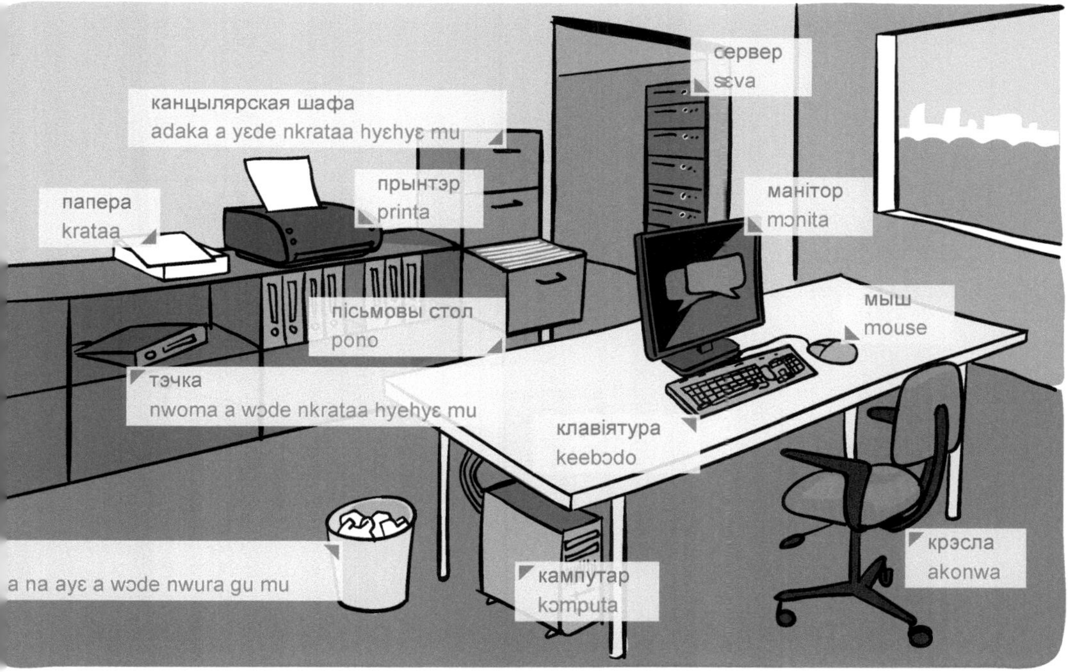

сервер
sɛva

канцылярская шафа
adaka a yɛde nkrataa hyɛhyɛ mu

прынтэр
printa

манітор
monita

папера
krataa

пісьмовы стол
pono

мыш
mouse

тэчка
nwoma a wɔde nkrataa hyɛhyɛ mu

клавіятура
keebɔdo

крэсла
akonwa

a na ayɛ a wɔde nwura gu mu

кампутар
kɔmputa

кубак для кавы (філіжанка)

kɔfe kuruwa

калькулятар

afidie a wɔde bu nkonta

інтэрнэт

intanɛt

офіс - ɔfise

ноўтбук
laptɔp

ліст
krataa

паведамленне
nkratoɔ

мабільны тэлефон
mobile

сетка
nɛtwɛk

ксеракс
fotokɔpia

праграмнае забеспячэнне
sɔftwɛɛ

тэлефон
tetefon

разетка
plɔg sɔkɛti

факс
fax afidie

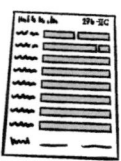
фармуляр
krataa

дакумент
krataa

50   офіс - ɔfise

эканоміка
sikasem

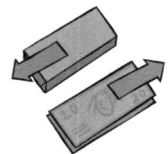

купляць
tɔ

плаціць
tua

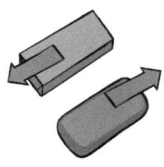

гандляваць
tɔn

грошы
sika

долар
dollar

еўра
euro

ена
yen

рубель
rouble

франк
Swiss franc

кітайскі юань
renminbi yuan

рупія
rupee

банкамат
sikabea

абменны пункт
baabi aa yɛsesa

золата
sikakɔkɔɔ

срэбра
dwetɛ

нафта
ngo

энергія
ahoɔden

цана
ne boɔ

кантракт
nteaseɛ a ɛwɔ krataa so

падатак
toɔ

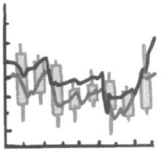

акцыя
stock

працаваць
yɛ adwuma

служачы
odwumayɛni

працадаўца
obi a wafa obi adwumamu

фабрыка
afidihyehyɛbea

крама
beaɛ a wɔtɔn adeɛ

эканоміка - sikasem

прафесіі
nnwuma ahodoɔ

паліцыянт
polisini

пажарны
gyadumni

кухар
obi a wɔnoa aduane

доктар
dɔkota

пілот
obi a wɔtwi ewiemhyɛn

садоўнік
kuani

слесар
nnuaseni

швачка
ɔbaa a wɔpam adeɛ

суддзя
otɛnmuani

хімік
dufrani

артыст
siniyifoɔ

кіроўца аўтобуса

hyɛnkani

таксіст

taxi drɔba

рыбак

ɔfarifo

прыбіральшчыца

ɔbaa wɔpopa beaɛ

страхар

obi a wobɔ dan so

афіцыянт

barima a wɔsom wɔ beaɛ a wɔtɔn aduane

паляўнічы

ɔbɔmɔfo

мастак

obi wɔde akaado keka ɛden ne nnoɔma aka ho

пекар

brodotofo

электрык

obi a wɔyɛ nkaneɛ ho adwuma

будаўнік

dansifo

інжынер

obi a wɔyɛ mfidie akɛseɛ ho adwuma

мяснік

namtɔnfo

сантэхнік

obi a wɔhyehyɛ drobɛn a nsuo fa mu

паштальён

obi a wɔde nkrataa a amanfoɔ atwerɛ soma no

прафесіі - nnwuma ahodoɔ

салдат
ɔsrani

архітэктар
obi a wɔyɛ adansie ho adwuma

касір
obi a wɔhwɛ sika so

фларыст
obi a wɔtɔn nhwiren

цырульнік
obi a wɔyɛ tire

кандуктар
deɛ wɔgyegye sika wɔ ɛhyɛn mu

механік
obi a wɔsiesie ɛhyɛn

капітан
panin

стаматолаг
dɔkota a wɔhwɛ se

вучоны
abodeɛmu nyasapɛni

рабін
ɔkyerɛkyerɛni

імам
imam

манах
monk

святар
sofo

прафесіі - nnwuma ahodoɔ

інструменты
akadeɛ

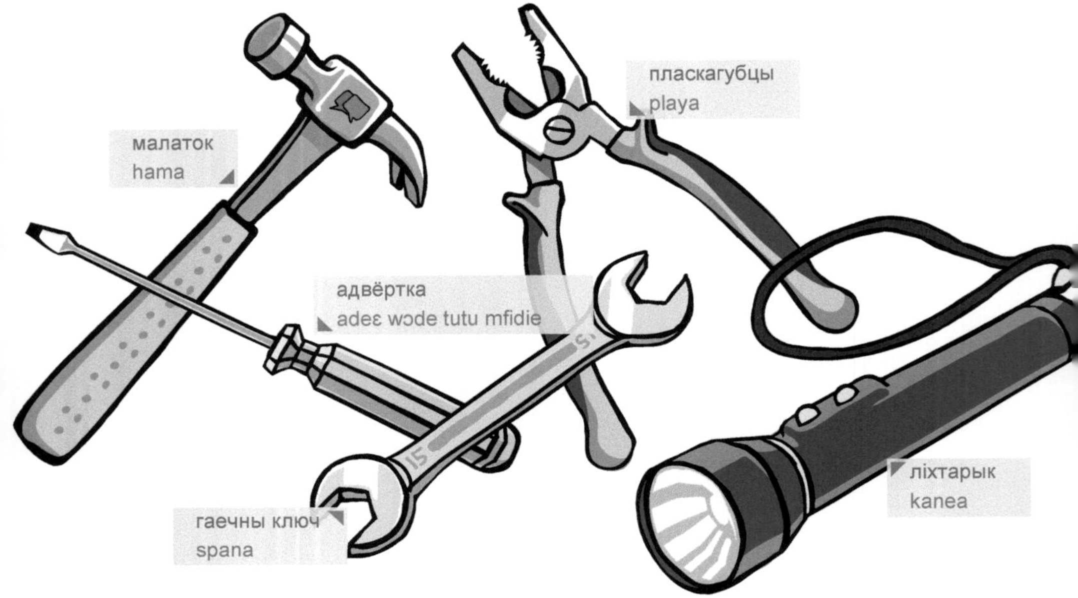

малаток
hama

пласкагубцы
playa

адвёртка
adeɛ wɔde tutu mfidie

ліхтарык
kanea

гаечны ключ
spana

экскаватар

afidie a wɔde tu fam

скрыня для інструментаў

adaka a wɔde nnɔɔma a wɔde yɛ adwuma gu mu

дравіны

atwedeɛ

піла

sradaa

цвікі

nnadowa

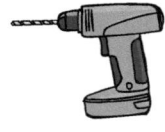

дрыль

afidie a wɔde mmia nnɔɔma mu

рамантаваць

siesie

рыдлеўка

sɔfi

Халера!

Yieee!

шуфлік для смецця

asesa nwura

вядро з фарбаю

akaado kora

балты

dadeɛ wɔde bobɔ nnooma mu

музычныя інструменты
mfidie a wɔde bɔ nnwom

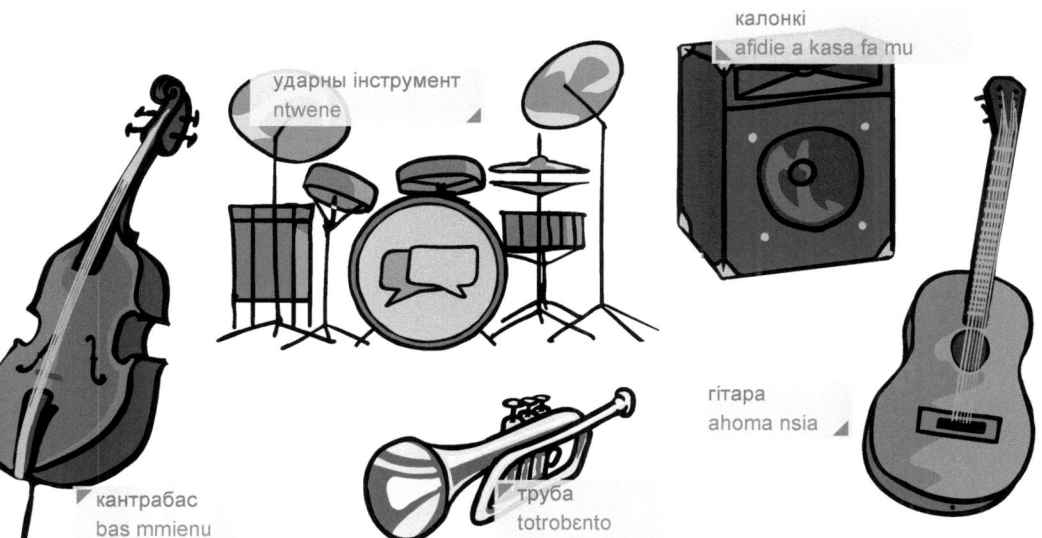

ударны інструмент
ntwene

калонкі
afidie a kasa fa mu

кантрабас
bas mmienu

труба
totrobɛnto

гітара
ahoma nsia

піяніна
sankuo

скрыпка
sankuo

басгітара
ahoma nsia

літаўры
timpani

барабан
ntwene

клавішны электрамузычны інструмент
sankuo

саксафон
sasofon

флейта
trobɛnto

мікрафон
akasanoma

заапарк
mmoakurabea

тыгр
sebɔ

уваход
baabi a wɔfra wura m

клетка
ɛban

зебра
sare so afurum

корм для жывёл
mmoa aduane

панда
kankane

жывёлы
mmoa

слон
ɔsono

кенгуру
kangaroo

насарог
bɛnkorɔ

гарыла
akaatia

мядзведзь
sisire

вярблюд
yoma

стравус
sohori

леў
gyata

малпа
kontromfi

фламінга
asukɔnkɔn

папугай
ako

белы мядзведзь
sisire

пінгвін
penguin

акула
oboodede

паўлін
kohaa

змяя
ɔwɔ

кракадзіл
dɛnkyɛm

наглядчык заапарка
mmoasohwɛfo

цюлень
sukraman

ягуар
sebɔ

60   заапарк - mmoakurabea

поні

pɔnkɔ ketewa

леапард

etwie

бегемот

susono

жыраф

kɔntenten

арол

ɔkɔdeɛ

дзік

kɔkɔte

рыбак

nsuomunam

чарапаха

sudanda

морж

sukraman

ліса

sakraman

газель

adowa

заапарк - mmoakurabea

спорт
agokansie

амерыканскі футбол — Amerika bɔɔlo	веласпорт — dadepɔnkɔ twie akansie	тэніс — tɛnɛs
баскетбол — baskɛtbɔɔlo	плаванне — nsuo dwareɛ	бокс — akutrukubɔ
хакей з шайбай — hɔki a wɔbɔ no wɔ asukɔt	футбол — bɔɔlo	бадмінтон — badminton
лёгкая атлетыка — mmirikatuo	гандбол — nsa bɔɔlo	горныя лыжы — asukɔtwea so agorɔ
пола — polo		

дзейнасць
dwumadie ahodoɔ

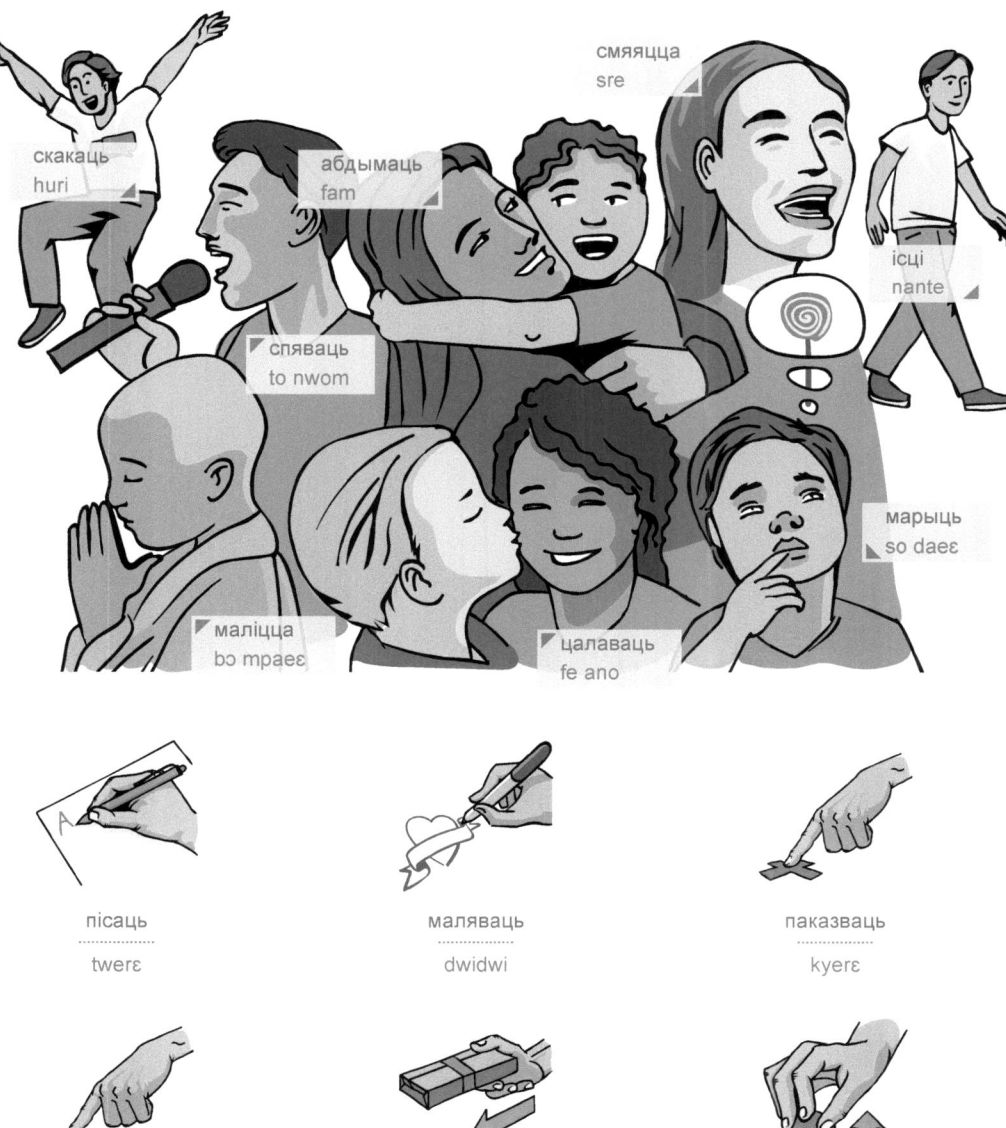

пісаць	маляваць	паказваць
twerɛ	dwidwi	kyerɛ
націснуць	даваць	браць
pia	ma	fa

маць
gye

выконваць
yɛ

быць
yɛ

стаяць
gyina

бегчы
tu mirika

цягнуць
twe

кідаць
to

падаць
tɔ fam

ляжаць
twa ntorɔ

чакаць
twɛn

насіць
soa

сядзець
tena ase

апранацца
hyɛ atadeɛ

спаць
da

прачынацца
sɔre

дзейнасць - dwumadie ahodoɔ

глядзець

hwɛ

плакаць

su

лашчыць

fa wo nsa fefa ho

прычэсвацца

nunu wotirim

гаварыць

kasa

разумець

te aseɛ

пытаць

bisa

чуць

tie

піць

nom

есці

didi

прыбіраць

siesie

кахаць

dɔ

гатаваць

noa

ехаць

ka kaa

лятаць

tu

дзейнасць - dwumadie ahodoɔ

плаваць пад ветразем
ka

лічыць
bo ho nkonta

чытаць
kan

вучыць
sua

працаваць
yɛ adwuma

уступаць у шлюб
ware

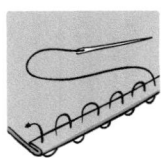
шыць
pam

чысціць зубы
twitwi wo se

забіваць
kum

курыць
hye

пасылаць
soma

дзейнасць - dwumadie ahodoɔ

сям'я
abusua

- бабуля — nanabaa
- дзядуля — nana barima
- бацька — papa
- маці — maame
- дзіця — abɔfra
- дачка — babaa
- сын — babarima

госць
ɔhɔhoɔ

цётка
sewaa

дзядзька
wɔfa

брат
nua barima

сястра
nuabaa

цела
nipadua

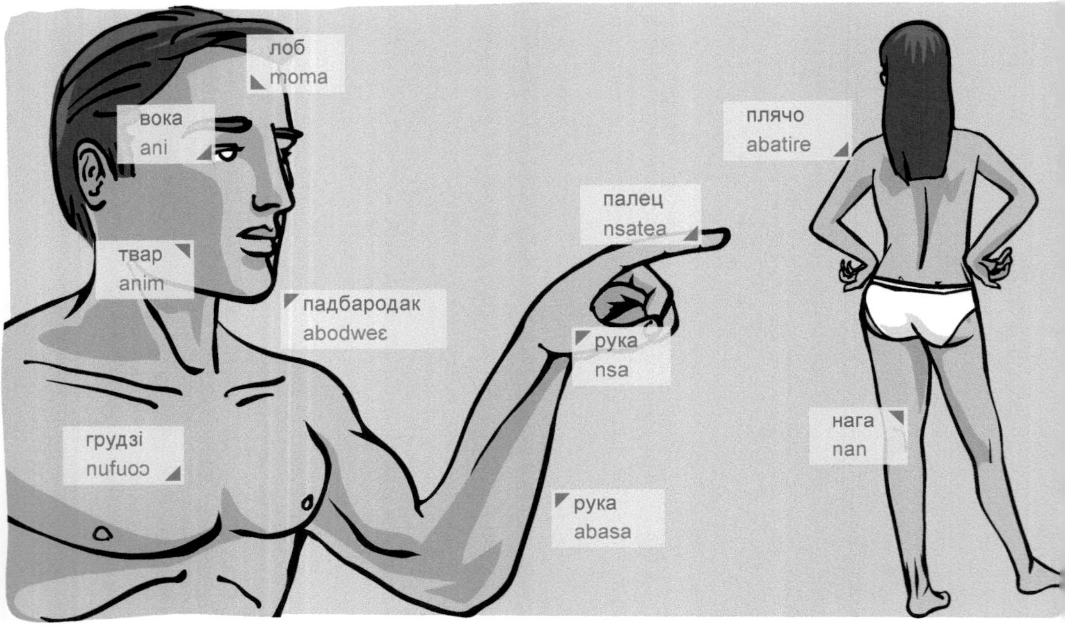

лоб
moma

вока
ani

твар
anim

падбародак
abodweɛ

грудзі
coufuɔ

плячо
abatire

палец
nsatea

рука
nsa

нага
nan

рука
abasa

дзіця
abɔfra

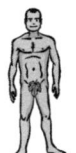

мужчына
barima

жанчына
ɔbaa

дзяўчынка
abaayewa

хлопчык
abarimaa

галава
ɛtire

цела - nipadua

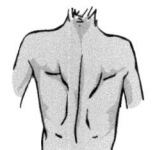

спіна
akyi

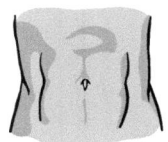

жывот
yafunu

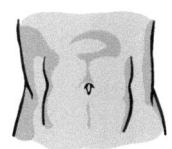

пуп
furuma

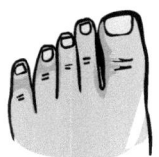

палец нагі
nansoa

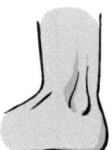

пятка
nantini

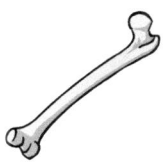

костка
dompe

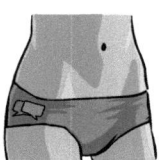

бядро
sisi

калена
kotodwe

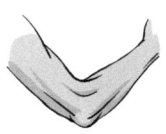

локаць
abatwerɛ

нос
hwene

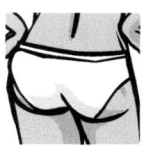

ягадзіца
cotɔ

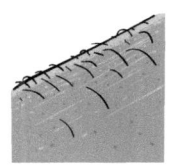

скура
wedeɛ

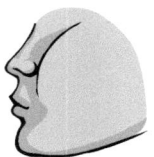

шчака
afono

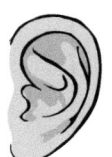

вуха
aso

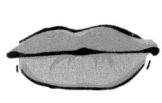

губа
ano

цела - nipadua

рот
ano

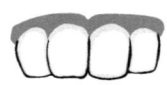
зуб
ɛse

язык
tɛkyerɛma

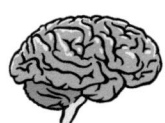
галаўны мозг
adwene

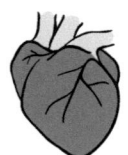
сэрца
akoma

мышца
honam

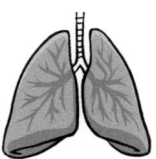
лёгкае
ahrawa

пячонка
brɛbɔɔ

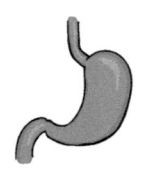
страўнік
afuro

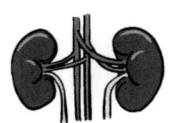
ныркі
sawa

сэкс
barima ne ɔbaa nna mu nhyiamu

прэзерватыў
kɔndɔm

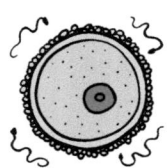
яйцаклетка
nkosua a ɛwɔ obaa mu

сперма
barima ho nsuo

цяжарнасць
nyinsɛn

цела - nipadua

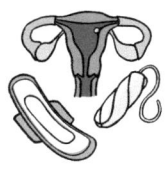
менструацыя
brayɔ

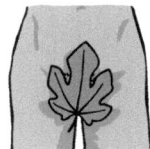
похва
ɛtwɛ

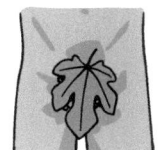
пеніс
kɔteɛ

брыво
aniakyi nwii

валасы
nwii

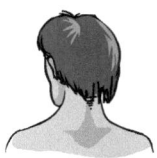
шыя
kɔn

цела - nipadua

шпіталь
asopiti

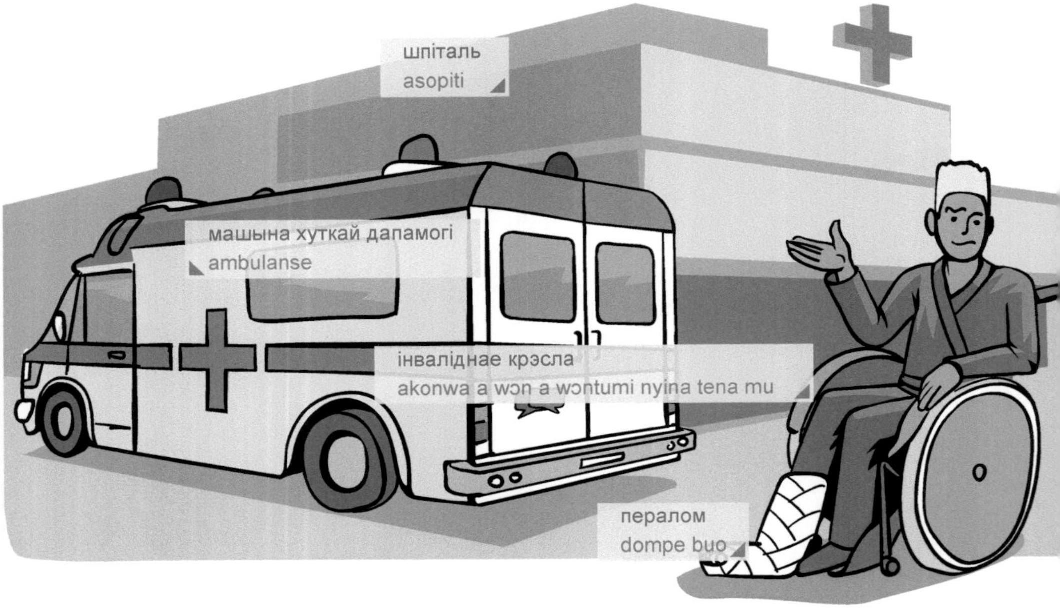

шпіталь
asopiti

машына хуткай дапамогі
ambulanse

інваліднае крэсла
akonwa a wɔn a wɔntumi nyina tena mu

пералом
dompe buo

доктар
dɔkota

аддзяленне першай дапамогі
ɛdan a wɔde wɔn a wɔn apira kɔ mu kɔhwɛ wɔn

медсястра
nɛɛse

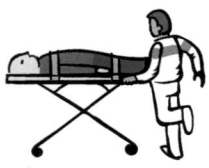

экстраная дапамога
putupru

непрытомны
fenti

боль
yaw

шпіталь - asopiti

траўма
pira

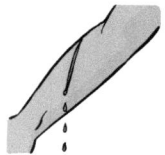

крывацёк
mogyatuo

інфаркт
akoma yareɛ

апаплексія
nwodwoɔ yareɛ

алергія
adeɛ wo honam mpɛ

кашаль
ɛwa

гарачка
ahoɔhyeɛ

грып
papu

панос
ayɛmhwie

галаўны боль
tiripayɛ

рак
kokoram

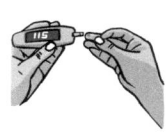

дыябет
asikyire yareɛ

хірург
dɔkotani wɔraepae obi sa no yareɛ

скальпель
sekamma

аперацыя
repaepae obi ho asa no yareɛ

шпіталь - asopiti

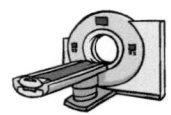

КТ
CT

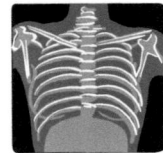

рэнтген
x-ray

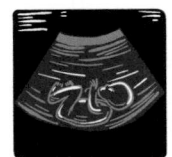

ультрагук
mfonin a wɔtwa de hwɛ awodeɛ mu

маска
anim nkatadeɛ

хвароба
yareɛ

пачакальня
dan aa yɛtwɛn wɔ mu

мыліца
klɔkye

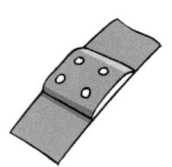

пластыр
plasta

бінт
bandege

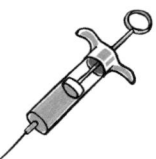

ін'екцыя
paneɛ

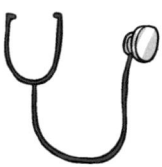

стэтаскоп
afidie a wɔde tie dede wɔ nnipa ho

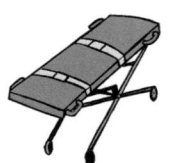

насілкі
mpa

градуснік
afidie wɔde hwɛ ahoɔhyeɛ

нараджэнне
awoɔ

лішняя вага
kɛseyɛ mmorosoɔ

шпіталь - asopiti

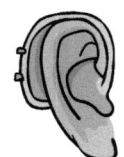

слухавы апарат

afidie a ɛboa ma obi te asɛm yie

дэзінфекцыйны сродак

aduro a wɔde ko tia yaremmoa bateria

інфекцыя

yareɛ nsaeɛ

вірус

yaremmoawa

ВІЧ/СНІД

HIV / AIDS

лекі

aduro

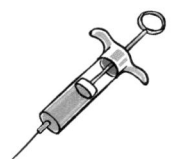

прышчэпка

nsianoaduru paneɛwɔ

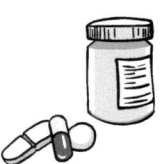

таблеткі

nnuro a wɔmene

супрацьзачаткавая таблетка

aduro a wɔmene

экстраны выклік

putupru frɛ

танометр

afidie a wɔde hwɛ sɛdeɛ mogya di aforosane

хворы / здаровы

yareɛ / ahuɔden

шпіталь - asopiti

экстраная дапамога
putupru

Ратуйце!
Boa me!

сігналізацыя
alam

напад
repira obi

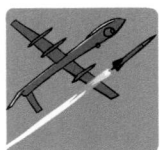

атака
to hyɛ biribi so

небяспека
amaneɛ

аварыйны выхад
kwan a wɔfa so pue berɛ
asɛm asi putupuru

Пажар!
Egya!

вогнетушыцель
adeɛ a wɔde dum gya

аварыя
akwanhyia

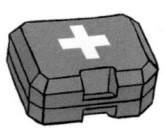

аптэчка
mmoa a edikan akadeɛ

СОС
SOS

паліцыя
polisi

Зямля
Ewiase

Еўропа

Europe

Паўночная Амерыка

North America

Паўднёвая Амерыка

South America

Афрыка

Africa

Азія

Asia

Аўстралія

Australia

Атлантычны акіян

Atlantic

Ціхі акіян

Pacific

Індыйскі акіян

Indian Ocean

Паўднёвы ледавіты акіян

Antartic Ocean

Паўночны ледавіты акіян

Arctic Ocean

Паўночны полюс

North Pole

Паўднёвы полюс
South Pole

Антарктыда
Atartica

Зямля
Ewiase

краіна
asaase

мора
ɛpo

востраў
ɛpoano

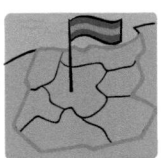
нацыя
ɔman

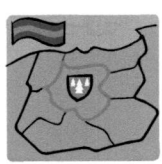
дзяржава
ɔman

Зямля - Ewiase

гадзіннік
mmerɛ kyerɛfoɔ

цыферблат
mmerɛ kyerɛfoɔ no anim

гадзінная стрэлка
dɔnhwere nsa

хвілінная стрэлка
sima nsa

секундная стрэлка
anitɛtɛ nsa

Колькі часу?
Abɔ sɛn?

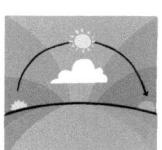

дзень
da

час
mmerɛ

зараз
seisei ara

электронны гадзіннік
abɛɛfo mmerɛ kyerɛfoɔ

хвіліна
sima

гадзіна
dɔnhwere

тыдзень
nnawɔtwe

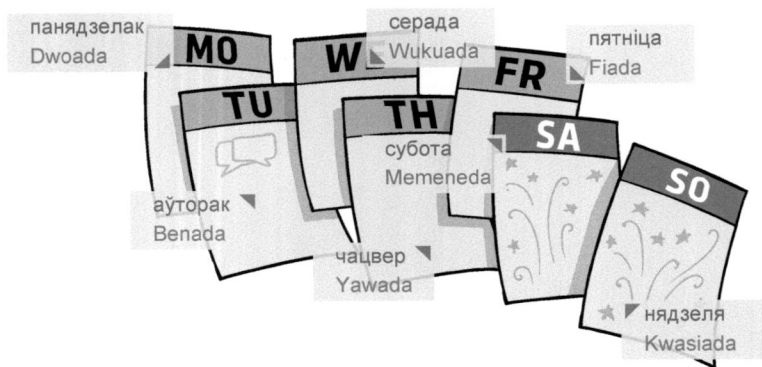

панядзелак / Dwoada
серада / Wukuada
пятніца / Fiada
аўторак / Benada
субота / Memeneda
чацвер / Yawada
нядзеля / Kwasiada

ўчора
ɛnora

сёння
nnɛ

заўтра
ɔkyena

раніца
anɔpa

абед
awia

вечар
anwummerɛ

працоўныя дні
adwuma nna

выхадныя
nnawɔtwe awieɛ

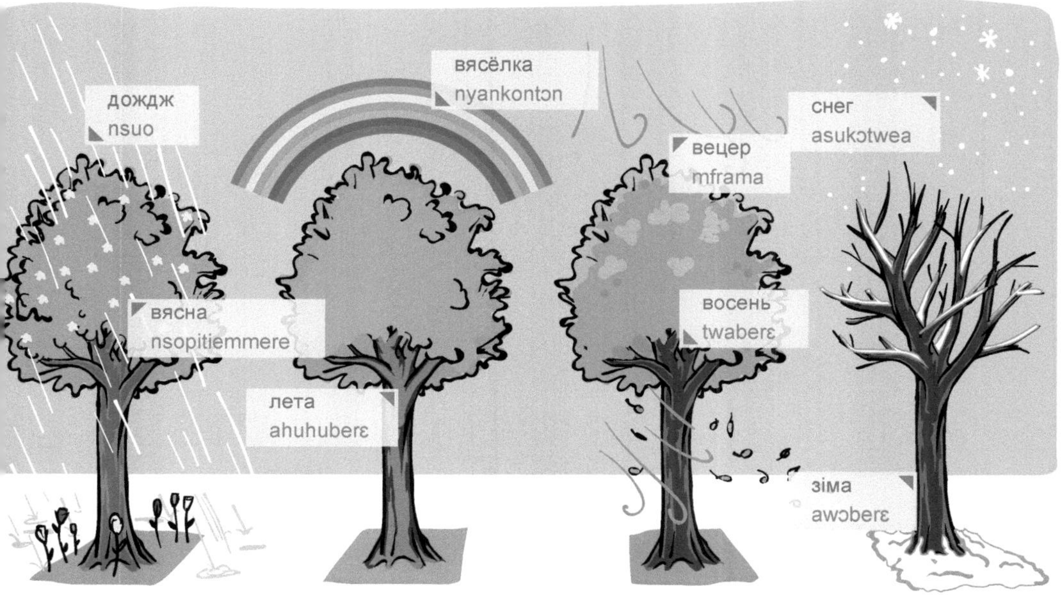

год
afe

дождж / nsuo

вясёлка / nyankontɔn

снег / asukɔtwea

вецер / mframa

вясна / nsopitiemmere

восень / twaberɛ

лета / ahuhuberɛ

зіма / awɔberɛ

прагноз надвор'я

ewiemu nsesaeɛ

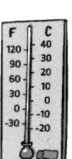

градуснік

afidie a wɔde hwɛ ahoɔhyeɛ

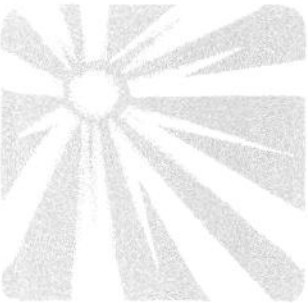

сонечнае святло

awiabɔ

воблака

munumkum

туман

ɛbɔ

вільготнасць паветра

nsuo a ɛwɔ mframa mu

маланка
ayerɛmo

гром
agradaa

бура
nsuden ne mframa

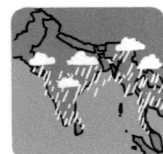

град
sukɔtwea

мусонны вецер
mframa a ɛde nsuo ba

прыліў
nsuyiri

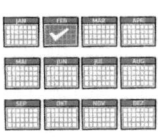

лёд
asukɔtwea

студзень
☐pɛrɔn

люты
☐gyefoɔ

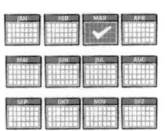

сакавік
☐bɛnem

красавік
Oforisuo

май
Kotonimaa

чэрвень
Ayɛwohumumɔ

ліпень
Kitawonsa

жнівень
☐sanaa

верасень
εbɔ

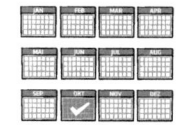
кастрычнік
Ahinime

лістапад
Obubuo

снежань
ɔpɛnimaa

формы
bɔbea

круг
kanko

квадрат
ahenanan

прамавугольнік
fasene

трохвугольнік
ahinasa

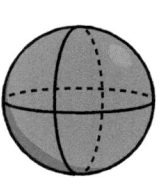
шар
kanko

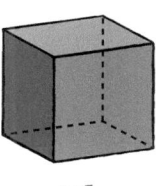
куб
ahenanan

колеры
ahosuo

белы
fitaa

жоўты
akokɔsradeɛ

аранжавы
akokɔsradeɛ

ружовы
memen

чырвоны
kɔkɔɔ

фіялетавы
beredum

сіні
bibire

зялёны
ahabanmono

карычневы
dodoeɛ

шэры
nson

чорны
tuntum

супрацьлегласці
abirabɔ

шмат / мала

bebree / ketewa

злы / добры

abufuo / brɛo

прыгожы / брыдкі

fɛfɛɛfɛ / tantantan

пачатак / канец

ahyɛaseɛ / awieɛ

высокі / малы

kɛseɛ / ketewa

светлы / цёмны

ɛhyerɛ / ɛdum

сястра / брат

nua barima / nuabaa

чысты / брудны

ɛho te / ɛfi

поўны / няпоўны

wawie / onwieeyɛ

дзень / ноч

anopa / anadwo

мёртвы / жывы

wawu / ɔtease

шырокі / вузкі

emu bue/emu mmueɛ

ядомы / неядомы
yetumi di / yentumi nni

злы / добры
bɔne / papa

узбуджаны / нудны
anigyeɛ / w'ani nka

тоўсты / тонкі
kɛseɛ / hwea

першы / апошні
di kan / ka akyi

сябар / вораг
adanfo / atanfo

поўны / пусты
ayɛ ma / hwee nnimu

цвёрды / мяккі
dendenden / mrɛmrɛmrɛ

важкі / лёгкі
emu ye duru / emu yɛ ha

голад / смага
ɛkɔm / nsukɔm

хворы / здаровы
yareɛ / ahuɔden

нелегальны / легальны
ɛnfa mmrakwanso / mmrakwanso

разумны / дурны
nimdifo / gyimifo

левы / правы
benkum / nifa

побач / далёка
ɛbɛn / ɛmu ware

новы / былы ва ўжыванні
fofrorɔ / dada

нічога / нешта
ɛnyɛ hwee / biribi

стары / малады
panyin / abɔfra

укл / выкл
sɔ / dum

адчынены / зачынены
bue / yatom

ціхі / гучны
dinn / dede

багаты / бедны
sikani / ohiani

правільна / няправільна
papa / bɔne

шурпаты / гладкі
wewerɛwewerɛ / tromtrom

сумны / шчаслівы
awerehoɔ / anigye

кароткі / доўгі
tiatia / tentene

павольны / хуткі
brɛoo / ntɛm

вільготны / сухі
afɔ / awo

цёплы / халаднаваты
ɛyɛ hye / adwo

вайна / мір
ntɔkwa / asomdwoe

супрацьлегласці - abirabɔ

лічбы
nɔma

0
нуль
ohunu

1
адзін
baako

2
два
mmienu

3
тры
mmiensa

4
чатыры
nan

5
пяць
num

6
шэсць
nsia

7
сем
nson

8
восем
nwɔtwe

9
дзевяць
nkron

10
дзесяць
du

11
адзінаццаць
du-baako

12
дванаццаць
du-mmienu

13
трынаццаць
du-mmiensa

14
чатырнаццаць
du-nan

15
пятнаццаць
du-num

16
шаснаццаць
du-nsia

17
сямнаццаць
du-nson

18
васямнаццаць
du-nwɔtwe

19
дзевятнаццаць
du-nkron

20
дваццаць
aduonu

100
сто
ɔha

1.000
тысяча
apem

1.000.000
мільён
ɔpepe

МОВЫ
kasa ahodoɔ

англійская

Brofo kasa

англійская (Амерыка)

Amerika Brɔfo

кітайская мандарынская

Chinese Mandarin

хіндзі

Hindi

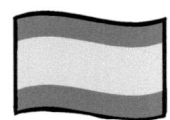

іспанская

Spanish

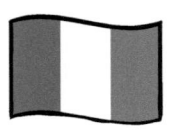

французская

French

арабская

Arabic

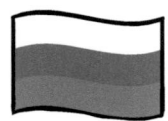

руская

Russian

партугальская

Portuguese

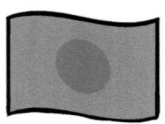

бенгальская

Bengali

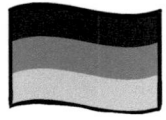

нямецкая

German

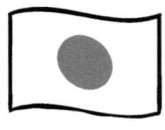

японская

Japanese

хто / што / як
hwan/aden/ sɛn

я
me

ты
wo

ён / яна / яно
ɔno

мы
yɛn

вы
wo

яны
wɔn

хто?
hwan?

што?
aden?

як?
sɛn?

дзе?
ɛhefa?

калі?
dabɛn?

імя
din

дзе
hefa

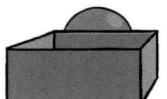
за
n'akyi

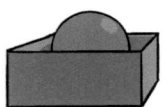
у
ɛmu

перад
wɔ n'anim

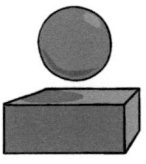
над
soro

на
so

пад
aseɛ

каля
nkyene

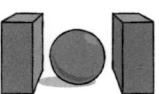
паміж
ntam

месца
fa hyɛ